AF312855

TABLEAUX

OBJETS D'ART

et d'Ameublement

TAPISSERIES

CONDITIONS DE LA VENTE

Elle sera faite au comptant.

Les acquéreurs payeront *dix pour cent* en sus des prix d'adjudication.

L'exposition mettant le public à même de se rendre compte de l'état et de la nature des objets, il ne sera admis aucune réclamation une fois l'adjudication prononcée.

Paris — Imp. Georges Petit, 12, rue Godot-de-Mauroi - 12706-03.

CATALOGUE

DES

TABLEAUX

PAR

BILLOTTE, J. L. BROWN, CARAN-D'ACHE
BENJAMIN-CONSTANT, DELPY, DUPRAY, FICHEL, FRANÇAIS, LAGRENÉE
LAMI, LÉPINE, MEISSONIER, PATER, PILS, ROSA BONHEUR
SISLEY, STEVENS, THORNLEY, TISSOT, ZIEM, ETC.

OBJETS D'ART

ET D'AMEUBLEMENT

Faïences de Delft — Porcelaines de Chine et de Saxe

OBJETS VARIÉS — VITRAUX — HARMONIUM

BRONZES & MEUBLES DU XVIIIᵉ SIÈCLE
ET DE STYLE

SIÉGES COUVERTS EN ANCIENNE TAPISSERIE

TAPISSERIES

DONT LA VENTE AURA LIEU A PARIS

HOTEL DROUOT, Salle Nº 1

Les Mercredi 16 et Jeudi 17 Décembre 1903

à deux heures

COMMISSAIRE-PRISEUR

Mᵉ PAUL CHEVALLIER, 10, Rue Grange-Batelière

EXPERTS

Pour les Objets d'art :	*Pour les Tableaux :*
MM. MANNHEIM	**M. GEORGES PETIT**
7, Rue Saint-Georges	12, Rue Godot-de-Mauroi

EXPOSITION PUBLIQUE

Le Mardi 15 Décembre 1903

de 1 heure 1/2 à 5 heures 1/2.

TABLEAUX

ALBERT

1 — *Le Moulin de Gourieux, en hiver.*

Signé à gauche, en bas.

Toile. Haut., 53 cent.; larg., 64 cent.

ALBERT

2 — *Route inondée au soleil couchant.*

Signé à gauche, en bas.

Toile. Haut., 36 cent.; larg., 45 cent.

BARRIAS (Félix)

3 — *Ève baigneuse.*

Elle est vue debout, près de la source transparente, radieuse de jeunesse parmi les rondaisons de la forêt d'été. Une chaude atmosphère vibrante enveloppe sa chair ambrée. La main droite, posée sur un rameau du grand arbre qui l'abrite, elle tord de la main gauche sa longue chevelure fauve. Elle sourit, charmée malgré elle, car, frôlant son oreille, la tête ardente du serpent siffle doucement dans le feuillage.

Signé à droite, en bas : *Félix Barrias.* 1877.

Toile. Haut., 1 m. 05 ; larg., 65 cent.

BENASSIT

4 — *La Berline égarée dans la neige.*

Signé à gauche, en bas.

Panneau. Haut., 41 cent.; larg., 31 cent.

BILLET

5 — *Les Aniers.*

Signé à droite, en bas.

Toile. Haut., 40 cent.; larg., 33 cent.

BILLOTTE (R.)

6 — *La Seine à Croissy.*

Signé à gauche, en bas.

Panneau. Haut., 21 cent. 1/2; larg., 32 cent.

BRILLOUIN

7 — *Pâturage.*

Signé à gauche, en bas.

Toile. Haut., 36 cent.; larg., 44 cent.

BROWN (J.-L.)

8 — *Stuart.*

Signé à droite, en bas.

Panneau. Haut., 32 cent.; larg., 40 cent.

CARAN D'ACHE

9 — *L'Épopée.*

Signé à gauche, en bas.

Toile. Haut., 1 m. 80; larg., 2 m. 50.

CARAN D'ACHE

10 — *La Charge.*

Signé à droite, en bas.

Toile. Haut., 1 m. 80 ; larg., 2 m. 50.

CASTELLANOS

11 — *La Vague.*

Signé à droite, en bas.

Panneau. Haut., 37 cent. ; larg., 54 cent.

BENJAMIN-CONSTANT

12 — *Femme nue assise sur un sofa.*

Très belle esquisse.
Signée à gauche, en haut.

Toile. Haut., 48 cent. ; larg., 38 cent.

DELPY

13 — *Matinée d'octobre aux Damps.*

Signé à droite, en bas, et daté : 97.

Panneau. [Haut., 45 cent. ; larg., 70 cent.

DELPY

14 — *Matinée d'été au Goulet.*

Signé à droite, en bas.

Panneau. Haut., 33 cent. ; larg., 60 cent.

DUEZ

15 — *L'Attente.*

Signé en bas, vers la droite.

Toile. Haut., 88 cent. ; larg., 44 cent.

DUMOULIN

16 — *Le jeune Pêcheur à la ligne.*

Signé à gauche, en bas.

Toile. Haut., 46 cent.; larg., 58 cent.

DUPRAY (H.)

17 — *Jean le Bon à la bataille de Poitiers (1356).*

Après un vaillant corps à corps, le roi Jean II de France ayant à ses côtés son fils Philippe, se rend aux troupes du roi Édouard III d'Angleterre.
Signé à gauche, en bas.

Toile. Haut., 92 cent.; larg., 71 cent.

DUPRAY (H.)

18 — *Aux Quatre-Bras, en 1815.*

Les Écossais en marche, pour rejoindre les troupes de Napoléon aux Quatre-Bras, veille de Waterloo.
Signé en bas.

Toile. Haut., 81 cent.; larg., 1 m. 16.

DUPRAY (H.)

19 — *Les Chasseurs à cheval en 1840 (Monarchie de Juillet).*

Signé à gauche, en bas.

Toile. Haut., 39 cent.; larg., 30 cent.

DUPRAY (H.)

20 — *La Bataille de Fuentès d'Onoro
(1811).*

L'armée du maréchal Masséna, aux prises
avec l'armée de Wellington, combattit avec
la plus grande vaillance depuis 5 heures du
matin jusqu'au coucher du soleil.

Signé en bas.

Toile. Haut., 81 cent.; larg., 1 m. 16.

DUVIEUX

21 — *Caravane au repos.*

Signé à gauche, en bas.

Toile. Haut., 31 cent.; larg., 47 cent.

ÉCOLE FRANÇAISE

22 — *Printemps fleuri.*

Figures de femmes, enguirlandées de
fleurs.

Panneau style Louis XV.
Haut., 65 cent.; larg., 75 cent.

FICHEL

23 — *La Partie d'échecs.*

Signé à gauche, en bas, et daté : *1866.*

Panneau. Haut., 24 cent.; larg., 19 cent.

1*

FLAMENG (Aug.)

24 — *Bateaux de pêche en pleine mer,
temps gris.*

Signé à gauche, en bas, du cachet de la
vente (n° 233).

Panneau. Haut., 41 cent.; larg., 31 cent.

FRANÇAIS

25 — *Matinée d'été.*

Signé à gauche, en bas.

Toile. Haut., 80 cent.; larg., 63 cent.

GARNIER

26 — *Partie de cartes : l'Enjeu.*

Signé à droite, en bas.

Toile. Haut., 40 cent.; larg., 59 cent.

Salon de 1889, n° 1119.

GŒNEUTTE

27 — *La Copiste du Louvre.*

Devant une des fresques de Botticelli, que
copie une imperturbable miss, serrée dans sa
robe fourreau verte, passent quelques artistes
ou amateurs d'art : Marcellin Desboutin,
Roger Marx, Arsène Alexandre, le graveur
Henri Guérard, le peintre Victor Vignon, et
enfin Norbert Gœneutte lui-même.

Signé à gauche, en bas et daté : *Paris,
1892.*

Toile. Haut., 70 cent. ; larg., 90 cent.

HAACKMAN

28 — *La Barque échouée.*

Signé à droite, en bas.

Toile. Haut., 74 cent. ; larg., 1 m.

HAWKINS

29 — *Dans les Blés.*

Signé à gauche, en bas.

Toile. Haut., 34 cent.; larg., 47 cent.

HERNANDEZ

30 — *L'Homme à la fraise.*

Signé à droite, en bas.

Toile. Haut., 87 cent.; larg., 60 cent.

LAGRENÉE

31 — *Pygmalion et Galatée.*

Galatée sous les traits de Mme du Barry.

Toile. Haut., 80 cent.; larg., 63 cent.

LANCRET (École de)

32 — *La Sérénade dans le parc.*

Cadre ancien en bois sculpté et doré.

Panneau. Haut., 7 cent.; larg., 9 cent. 1/2.

LAPOSTOLET

33 — *Bords de rivière.*

A gauche, en bas, le timbre de la vente.

Toile. Haut., 40 cent.; larg., 32 cent.

LEBOURG

34 — *La Rivière au printemps.*

Serpentant entre deux rives verdoyantes, la rivière coule ses eaux bleutées près d'une maison en briques rouges que l'on aperçoit sur la rive droite.

Signé à droite, en bas.

Toile. Haut., 46 cent.; larg., 61 cent.

LEBOURG

35 — *Le Vieux Moulin en Hollande.*

Il dresse dans le ciel bleu ses grandes ailes, près d'un canal aux eaux azurées.

Signé à gauche, en bas.

Toile. Haut., 46 cent.; larg., 73 cent.

LEBOURG

36 — *Effet de soleil couchant.*

Signé à droite, en bas.

Toile. Haut., 42 cent.; larg., 64 cent.

LEE (William)

37 — *Furtive.*

Signé à droite, en bas.

Toile. Haut., 58 cent.; larg., 27 cent.

LE GOUT-GÉRARD

38 — *Vente de poisson à Concarneau.*

Signé à gauche, en bas.

Toile. Haut., 37 cent.; larg., 54 cent.

LÉPICIÉ (Attribué à)

39 — *Tête d'enfant.*

Toile. Haut.. 40 cent.; larg., 32 cent.

LÉPINE

40 — *L'Église du Sacré-Cœur.*

Au premier plan, sur la droite, l'abside de l'église dresse ses constructions blanches, tandis qu'à gauche s'élèvent les échafaudages du clocher en construction.

Au pied de l'abside, entourant l'église, une palissade de planches.

Signé à gauche, en bas.

Toile. Haut., 46 cent.; larg., 38 cent.

LÉPINE

41 — *Bords de la Seine.*

A droite, sur la berge, quelques constructions sont édifiées devant un massif d'arbres.

Au fond, à l'horizon, sur un viaduc, un train passe.

Signé à droite, en bas.

Panneau. Haut.. 18 cent.; larg.. 25 cent.

LÉPINE

42 — *Le Viaduc.*

> Au dos, on lit cette annotation : *Certifié de mon mari. Vve Lépine.*

> Panneau. Haut., 1. cent.; larg., 43 cent.

LOOSE (B. DE)

43 — *La Leçon de musique.*

> Signé à gauche, en bas, et daté : *1852.*

> Panneau. Haut., 60 cent.; larg., 50 cent.

MONTHOLON (F. DE)

44 — *Les Bruyères de Charlespont.*

> Signé à gauche, en bas.

> Toile. Haut., 1 m. 45; larg., 78 cent.

NODE (Charles)

45 — *Le Torrent.*

> Signé à droite, en bas, et daté : *1875.*

> Toile. Haut., 44 cent.; larg., 65 cent.

NOEL (Jules)

46 — *Vue de Bretagne.*

> Signé à droite, en bas.

> Toile. Haut., 21 cent.; larg., 32 cent.

NOEL (Jules)

47 — *Hennebont.*

> Signé à gauche, en bas.

> Toile. Haut., 20 cent.; larg., 32 cent.

OCHOA

48 — *La Blanchisseuse.*

Toile. Haut., 60 cent.; larg., 70 cent.

OLIVE

49 — *Les Rochers de la citadelle.*

Signé à droite, en bas.

Panneau. Haut., 13 cent.; larg., 23 cent.

OSBERT

50 — *L'Inspiration.*

Signé à droite, en bas.

Toile. Haut., 26 cent.; larg., 39 cent.

PATER

51 — *Le Repos dans le parc.*

Au pied d'une statue, sur un banc de pierre, dans le parc, la jeune femme s'est assise près de son cavalier. Il y a de la gaité dans leurs regards vifs, tandis que dans le ciel d'azur chante le printemps.

Derrière la jeune femme, une suivante se tient debout. Au fond, on aperçoit deux autres figures assises au revers d'un talus. Cadre ancien.

Toile. Haut., 28 cent.; larg., 22 cent.

PETITJEAN

52 — *Le Coin ensoleillé.*

Signé à gauche, en bas.

Toile. Haut., 45 cent.; larg., 35 cent.

PILS

53 — *Tête de Chasseur à pied.*

Panneau. Haut., 25 cent.; larg., 19 cent.

PILS

54 — *Tête de Zouave.*

Panneau. Haut., 25 cent.; larg., 19 cent.

PLASSAN

55 — *Bords de la Marne.*

Signé à droite, en bas, avec la dédicace :
Au docteur Hubert, son très reconnaissant.

Panneau. Haut., 19 cent.; larg., 33 cent.

REYNAUD

56 — *A la Fontaine.*

Signé à gauche, en bas.

Toile. Haut., 47 cent.; larg., 30 cent.

ROSA BONHEUR

57 — *Les Chèvres.*

A droite, en bas, le timbre de la vente.

Toile. Haut., 7 cent.; larg., 24 cent.

SICHEL (N.)

58 — *Le Triomphe de la Poésie.*

Signé à droite, en bas.

Toile. Haut., 2 m. 10 ; larg., 3 m. 55.

SIMONS (Martius)

59 — *Figures de légende.*

Signé en bas, vers la gauche.

Toile. Haut., 52 cent. ; larg., 78 cent.

SISLEY

60 — *Le Garage des bateaux-mouches.*

Au premier plan, sous de grosses charpentes de bois qui servent à élever et à réparer les bateaux, un de ces derniers est arrêté ; sur les charpentes, deux hommes travaillent.

A gauche, la berge porte quelques constructions.

Signé à gauche, en bas.

Toile. Haut., 46 cent. ; larg., 55 cent.

SISLEY

61 — *Les Bords de la Seine, en été.*

Le fleuve coule des eaux calmes et limpides dans lesquelles se reflètent les grands arbres des deux rives.

Au fond, un pont cintre ses arches, dissimulant le pied des collines boisées, à travers les arbres desquelles émergent les maisons et le clocher d'un village.

A gauche, sur la berge, un homme passe.

Signé à gauche, en bas.

Toile. Haut., 50 cent. ; larg., 65 cent.

STEVENS (A.)

62 — *Le Bateau à vapeur.*

Signé à gauche, en bas.

Toile. Haut., 40 cent.; larg., 32 cent.

STEVENS (A.)

63 — *Le Bateau à voiles.*

Signé à gauche, en bas.

Panneau. Haut., 40 cent.; larg., 32 cent.

STEVENS (A.)

64 — *Tête de femme.*

Signé en bas, à gauche, du monogramme :
AS.

Toile. Haut., 18 cent.; larg., 25 cent.

TEN CATE (Hector)

65 — *En barque.*

Signé à droite, en bas.

Panneau. Haut., 13 cent.; larg., 17 cent.

THORNLEY

66— *Les Rochers à Trayas.*

Signé à droite, en bas.

Toile. Haut.. 54 cent.; larg., 73 cent.

THORNLEY

67 — *L'Arrivée de la barque de pêche.*

Signé à gauche, en bas.

Toile. Haut., 64 cent.; larg.. 81 cent.

TOUSTÉ

68 — *La Neige à Paris.*

Signé à gauche, en bas.

Toile. Haut., 60 cent.; larg., 38 cent.

TISSOT

69 — *Miss.*

Elle est apparue, fleur vivante nimbée
d'ombre, sur un écran de feuilles vertes.
Elle retient de sa main droite le panier de
fleurs dont l'anse pèse sur son poignet. De
longues mitaines noires dessinent la main
et l'avant-bras. Elle est vue presque de face,
jusqu'à mi-jambes.

Signé à droite, en bas.

Haut., 51 cent.; larg., 36 cent.

VIGNON

70 — *Les Coteaux à Parmain.*

Signé à droite. en bas.

Toile. Haut.. 26 cent. : larg., 35 cent.

VOLLON

71 — *Poire et prunes.*

Signé à gauche, en bas.

Panneau. Haut., 12 cent.; larg.. 17 cent.

WERTHEIMER

72 — *Le Rêve du pêcheur.*

Toile.

YON

73 — *Les Marais.*

Signé à gauche, en bas.

Toile. Haut., 32 cent.; larg., 50 cent.

YON

74 — *La Ferme.*

Signé à droite, en bas, et daté : *1871.*

Toile. Haut., 64 cent.; larg., 43 cent.

ZIEM

75 — *La Sortie du « Bucentaure ».*

Sous un ciel d'azur transparent et chaud, le *Bucentaure* chargé de passagers s'éloigne des quais aux antiques palais roses. La voile blanche largement déferlée et les flammes rouges claquent au vent joyeux.

A gauche, un topo pêcheur à ligne de fond va prendre la mer. De vigoureux rameurs se penchent sur les avirons. Vers l'horizon, passe un bateau aux grandes voiles blanches.

La mer calme frissonne à peine, elle est de saphir et de miel.

Signé à gauche, en bas.

Panneau. Haut., 52 cent.; larg., 83 cent.

ZIEM

*76 — Le Palais des Doges et le Grand
   Canal.*

A gauche, au pied du Palais des Doges,
près de la colonne surmontée du Lion de
Saint-Marc, de nombreuses gondoles sont
amarrées.

A droite, prolongeant le palais, d'autres
constructions, sur lesquelles le soleil met
de jolis reflets dorés.

Sur le canal, une gondole poussée par un
vigoureux rameur, fend de son étrave les
eaux bleutées du canal.

Le ciel est d'azur, avec quelques nuages
rosés.

Signé à gauche, en bas.

Toile. Haut., 44 cent.; larg., 67 cent.

ZIEM

77 — Fruits d'Orient.

Signé à gauche, en haut.

Panneau. Haut., 18 cent.; larg., 29 cent.

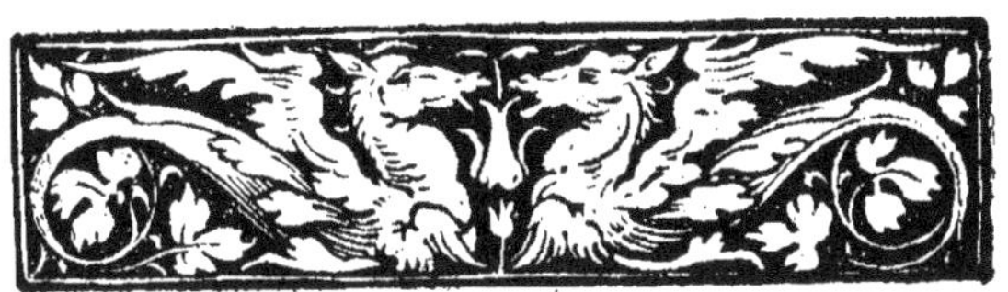

AQUARELLES

ADAN (Émile)

78 — *Déjeuner du matin.*

Signé à droite, en bas.

BELLANGÉ

79 — *Le Lendemain de Waterloo.*

CASANOVA Y ESTORACH

80 — *Un Cardinal.*

CHARLET

81 — *Un Lancier.*

Signé à gauche, en bas.

CLAUDE (Max)

82 — *L'Amazone au bord de la mer.*

Signé à droite, en bas.

ÉCOLE FRANÇAISE

83 — *Les Deux oiseaux.*

> Scène galante dans le goût de Lancret.
> Petit cadre en bois sculpté et doré.
> Époque Louis XVI.
> Miniature.

GARAT (F.)

84 — *Le Seuil abandonné.*

> Un coin de cloître. Le bas du mur et la porte en ogive sont envahies par une végétation luxuriante, verte et rose. Une religieuse, vue de dos, approche du seuil abandonné.
>
> Signé à gauche, en bas.

GARAT (F.)

85 — *Hiver.*

> Le fiacre vide descend au pas l'avenue, jaune et boueuse. La neige, refoulée à droite et à gauche, couvre les trottoirs. Les branches des arbres sont liserées de blanc. Le ciel est mauve.
>
> Signé à droite, en bas.

GARAT (F.)

86 — *La Garde montante.*

> C'est l'hiver. En un coin neigeux de boulevard extérieur passe, au pas glissant de leurs chevaux, un peloton bleuâtre de gardes de Paris. Le ciel est gris-mauve, et quelques arbres bruns y détachent et y fondent leurs rameaux nus, poudrés de frimas.
>
> Signé à droite, en bas.

GARAT (F.)

87 — *La Porte Saint-Denis.*

GARAT (F.)

88 — *La Place de la Bastille.*

GIROUST

89 — *Le Lac dans la montagne.*

Signé à droite, en bas.

GYP

90 — *Illustration pour le livre :* Ohé, les Dirigeants !

Signé : *Bob.*

HEILBUTH

91 — *La Promenade sur le lac.*

Signé à droite, en bas.

HEM (H. de)

92 — *Le Leçon de bicyclette.*

Aquarelle rehaussée de gouache.
Signé à droite, en bas.

JACQUIN

93 — *Le Jardin français, à Venise.*

Signé à gauche, en bas.

LAMI (Eug.)

94 — *Illustration pour le Musset.*

LAMI (Eug.)

95 — *L'Idylle aux champs.*

Gouache.
Signé en bas, vers le milieu : *E. L., 1858.*

LEMAIRE (Madeleine)

96 — *Azalées.*

Signé à droite, en bas.

DE NITTIS

97 — *La Tonnelle ensoleillée.*

Signé à droite, en bas.

REDOUTÉ

98 — *Vase de fleurs.*

REY

99 — *Intérieur de l'Église Saint-Marc, à Venise.*

Signé à droite, en bas.
A gauche, cette inscription : *Saint-Marc, Venise, 1896.*

TENRÉ (Henri)

100 — *Un Salon Louis XVI.*

Signé à gauche, en bas.

THORNLEY

101 — *Le Cirque dans la montagne.*

Signé à droite, en bas.

TOURNIER

102 — *Léda.*

Signé à gauche, en bas, et daté : *1888.*

VERNET (Carle)

103 — *Le Cheval de parade.*

Signé à droite, en bas : *Carle Vernet, Rome, 1830.*

VERNET (Horace)

104 — *Tête d'Arabe.*

Sépia.
Signé à droite, en bas : *H. V.*

PASTELS

BELLANGÉ

105 — *Le Soir de Waterloo.*

BROWN (J.-L.)

106 — *Cavaliers.*

> Des personnages en costume Louis XV,
> les uns en selle, les autres descendus de
> leurs chevaux.

CARRIER-BELLEUSE (Pierre)

107 — *La Jeune femme au chapeau Direc-
toire.*

> Signé à droite, en haut.

DELÉTANG (Robert)

108 — *Le Cortège funèbre.*

> « ... Une pâleur flottait dans le ciel... Le
> mort était sur son cercueil, porté sur les
> épaules de ses parents, paré de fleurs et la
> face découverte, une face jaune et livide de
> momie promise à la terre... »
>
> Illustration pour le livre de Paul Bourget:
> *Voyageuses*, page 51.
>
> Signé à droite, en bas : *Robert Delé-
> tang, 1901.*

D'ÉPINAY (Marie)

109 — *Portrait de jeune fille, en buste, tenant des fruits.*

D'ÉPINAY (M^llc^)

110 — *Tête de jeune femme grecque.*

DE NITTIS

111 — *Mélancolie.*

>Elle est assise sur un banc de jardin, le corps tourné de trois quarts, la tête presque de face. Elle tient de la main droite une ombrelle fermée. Sa capote noire est agrémentée de plumes de couleur. Une voilette enveloppe le visage jusqu'au menton.
>
>Au fond, un paysage clair.
>
>Signé à gauche, en bas.

ROSALBA (Attribué à)

112 — *La Jeune Fille aux cheveux blonds.*

TISSOT

113 — *La Liseuse.*

Assise, vue jusqu'à mi-corps, de profil à gauche, le visage entrevu sous l'ombre de la capote sombre, elle lit un journal. Un lorgnon chevauche sur son nez.

Signé à droite, en haut.

TISSOT

114 — *La Femme et l'Enfant.*

Dans une allée de parc, elle s'avance vers la gauche, accompagnée d'une fillette, toutes deux vêtues de sombre, le col enserré dans un boa, la tête abritée d'une capote noire. Les deux figures ont cette élégance dont le maître avait le secret.

Signé à gauche, en bas : *J.-J. Tissot, 1883.*

DESSINS

BIDA

115 — *Le Rémouleur.*
> Signé à gauche : *A. B.*
> Dessin au deux crayons.

CHAPLIN

116 — *La Mandoliniste.*
> Signé à gauche, en bas.
> Dessin rehaussé.

CHAPLIN

117 — *Le Bouton de rose.*
> Signé à droite, en bas.
> Dessin rehaussé.

DECAMPS

118 — *Le Singe à son bureau.*
> Signé à gauche : *D. C.*
> Dessin à la mine de plomb.

ÉCOLE FRANÇAISE

119 — *Étude.*

Dessin au crayon.

ÉCOLE FRANÇAISE

120 — *Étude.*

Dessin au crayon.

ÉCOLE FRANÇAISE

121 — *Étude.*

Dessin au crayon.

FORAIN

122 — *Une Arrestation « bien parisienne ».*

Dessin.
Signé à droite, en bas : *Forain.*

FRÈRE (Th.)

123 — *Les Rives du Bosphore.*

Signé à droite, en bas.
Dessin aux deux crayons.

GUILLAUME

124 — *Le Jour de l'an à l'Élysée.*

Dessin rehaussé.

GUYS (Constantin)

125 — *Les Visions.*

> Deux sous-verres : l'un contenant quatre dessins, l'autre six.

HELLEU

126 — *Femme vue de dos.*

> Dessin au crayon rehaussé de sanguine.
> Signé à droite, en bas.

MEISSONIER

127 — *Les Deux Causeurs.*

> Debout, appuyés contre un mur, en costume Louis XV, ils causent. L'un est vu de profil à gauche, l'autre de trois quarts à droite.
> Dessin à la mine de plomb.
> Signé du monogramme : *E. M. 1851.*

MILLET

128 — *Portrait de M. Audry.*

> Dessin.
> Signé à gauche, en bas.

MOREAU (Adrien)

129 — *Dessin pour :* Les Beaux Messieurs
de Bois-Doré.

MOREAU (Adrien)

130 — *Dessin pour :* Les Beaux Messieurs
de Bois-Doré.

MORNI (Louis)

131 — *La Promenade.*

Dessin à la sépia.

PUVIS DE CHAVANNES

132 — *Dans un même cadre, deux dessins
au crayon noir.*

Signé en bas : *P. P. C.*

SAINT-AUBIN (Attribué à)

133 — *La Jeune mère.*

Dessin au crayon.

SCULPTURES

FALGUIÈRE

134 — *Diane se dévêtant.*

Marbre.

Haut., 87 cent.; larg. du socle, 1 m. 15.

FALGUIÈRE

135 — *La Résistance (Souvenir de Liège).*

Terre cuite.

Haut., 56 cent.; larg., 98 cent.

136 — Sous ce numéro seront vendus les objets non catalogués.

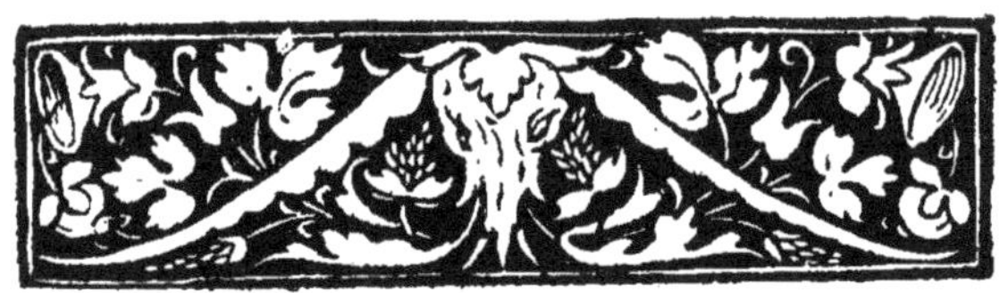

OBJETS D'ART

FAIENCES ET PORCELAINES

137 — Deux poissons, céramique.

138 — Porte-cannes, céramique.

139 — Deux supports-appliques, décorés d'un mascaron, céramique.

140 — Deux consoles-appliques, en céramique.

141 — Petit arrosoir, en faïence.

142 — Deux plats creux à figures de saints, en faïence.

143 — Support en terre vernissée rouge.

144 — Fronton orné d'un écusson armorié, en faïence.

145 — Six petits vases variés en grès flammé.

146 — Deux brocs variés en faïence allemande.

147 — PETIT CORNET de pharmacie en ancienne faïence de Faenza.

148 — PLAQUE ornée d'une cage, en ancienne faïence de Delft.

149 — VINGT-UNE PLAQUES décorées de paysages, en ancienne faïence de Delft.

150 — DEUX ASSIETTES décorées de fleurs, même faïence.

151 — ASSIETTE ornée d'un oiseau et de fleurs, même faïence.

152 — DEUX ASSIETTES, décor bleu, fleurs, même faïence.

153 — SIX ASSIETTES variées ornées de fleurs, même faïence.

154 — DEUX ASSIETTES, décor bleu, arbustes, ancienne faïence de Delft.

155 — ASSIETTE ornée en bleu d'une corbeille de fleurs, Chine.

156 — ASSIETTE, arbustes en bleu, Chine.

157 — ASSIETTE, fleurs en bleu, Chine.

158 — PLAT creux, décor bleu à compartiments, ancienne porcelaine de Chine.

159 — SEPT PETITS PLATS : sujet familial et fleurs, porcelaine de Chine, famille rose.

160 — PLAT orné de fleurs sur fond gris, porcelaine de Chine.

161 — Quatre petites coupes variées, porcelaine du Japon, décor polychrome.

162 — Fontaine avec couvercle, même porcelaine, monture en bronze.

163 — Plat, décor bleu, corbeille de fleurs. Ancienne faïence de Delft.

164 — Plat, décor polychrome : paysage. Même faïence.

165 — Potiche et un couvercle, fleurs et lambrequins en bleu. Ancienne faïence de Delft.

166 — Plaque, décor bleu, haie fleurie. Ancienne faïence de Delft.

167 — Lot de carreaux, à paysages, bordures à rocailles et quadrillés. Ancienne faïence de Delft.

168 — Porte-lumière en grès flambé du Japon, repercé d'ouvertures de formes variées.

169 — Jardinière ronde en poterie japonaise, médaillons à paysages sur fond carrelé ; socle en bois.

170 — Plat, décoré en bleu : corbeille de fleurs et oiseaux ; céramique japonaise.

171 — Trois plats, décor polychrome, porcelaine du Japon.

172 — Bouteille en porcelaine du Japon à imbrications.

173 — Six assiettes en porcelaine de Chine.

174 — ASSIETTE, décor bleu : corbeille de fleurs.
Ancienne porcelaine de Chine.

175 — DEUX PETITS PANNEAUX ornés de plaques
d'ancienne porcelaine de Chine.

176 — PAIRE DE POTICHES avec couvercles, en ancienne porcelaine de Chine, famille rose :
scènes familiales à nombreux personnages
sur les potiches et les couvercles.

177 — DEUX PETITES POTICHES avec couvercles, en
ancienne porcelaine de Chine, famille rose,
décor de branchages en relief.

178 — PAIRE DE LAMPES formées de potiches en
porcelaine de Chine, ornées de branches
fleuries, dans des réserves sur fond caillouté
vert-pâle ; épaulement carrelé. Montures en
bronze doré.

179 — GARNITURE de cinq pièces, trois potiches
avec couvercles, et deux cornets en ancienne
porcelaine de Chine, décor bleu ; réserves à
personnages sur fond de rinceaux fleuris.
Avec trois socles en bois noir.

Haut., 65 et 48 cent.

180 — DEUX SOCLES cylindriques en biscuit de
Wedgwood, à figures de style antique sur
fond bleu.

181 — COUTEAU à manche décoré en bleu, en
ancienne porcelaine tendre de Saint-Cloud.

182 — CANNE, à béquille d'ancienne porcelaine
d'Allemagne, à fleurs.

183 — DEUX CACHE-POTS, fleurs et imbrications.
Berlin.

184 — PAIRE DE BRAS-APPLIQUES à trois lumières,
à décor de rocailles et fleurs en ronde-bosse ;
porcelaine de Furstenberg.

185 — SOUPIÈRE ovale à anses-branchages avec
couvercle, en ancienne porcelaine de Saxe,
décor de fleurs ; bordures gaufrées à van-
nerie ; bouton de couvercle en forme de
citron.

186 — DEUX COUPES de surtout à anses-branchages, décor de fleurs, sur pieds en forme
de rochers et de troncs d'arbres, ornés de
deux statuettes d'enfants à demi nus ; même
porcelaine, barrée pour l'une d'elles.

187 — CABARET en ancienne porcelaine de Saxe,
à décor de personnages au milieu de rocailles
et de bosquets ; il comprend : une cafetière,
une théière, un pot à crème, un flacon à thé
avec couvercles, un bol, un petit plateau,
dix tasses avec soucoupes.

188 — PETIT PLATEAU, fleurs. Ancienne porcelaine
de Saxe.

OBJETS VARIÉS

189 — PETIT GROUPE en ivoire sculpté : la Vierge
debout tenant l'Enfant Jésus, et écrasant du
pied le démon. XVIIe siècle.

190 — HUIT COLONNETTES pour meubles, en
bronze et matières dures.

191 — PETIT GROUPE en marbre blanc par
d'Épinay : Hyménée. Composition allé-
gorique d'un amour et d'une fillette ailée,
se prenant par la main, l'épousée vêtue
d'une gaze transparente, couronnée de fleurs
et tenant une colombe.

192 — DEUX VITRAUX polychromes, présentant :
l'un, la Vierge et l'Enfant Jésus ; l'autre, la
Vierge et l'Enfant Jésus accompagnés de
saints personnages, et, placés sous des ar-
cades ; en haut, des motifs gothiques. En
partie du commencement du XVIe siècle.

Haut., 2 m. 50 ; larg., 49 cent.

193 — PETITE GOUACHE ronde : paysage ; cadre en
bois doré.

194 — PETIT ÉMAIL, camaïeu rose, composition
de style oriental.

195 — PLATEAU en laque noir, orné d'un arbuste
laqué or.

196 — PETIT MÉDAILLON, bois sculpté, à sujets
chinois.

197 — PORTE-ALLUMETTES, cuivre, à rinceaux
chinois.

198 — DEUX PLATS en plaqué, l'un d'eux armorié.

199 — DEUX COUPES, marbre noir et brocatelle.

200 — QUATRE PENDELOQUES, cristal de roche, et
fragment de porphyre.

201 — PORTE-TARTINES et cuiller à punch, argent.

202 — Confiturier avec plateau et couvercle. cristal de Bohême doré.

203 — Six verres à pied et quatre flacons.

204 — Deux loupes, dont une montée argent.

PENDULES — BRONZES

205 — Deux grandes vasques ovales en marbre de couleur, garnies de mascarons, anses. bordures et pieds-griffes Louis XIV, en bronze.

Grand diam., 68 cent.; petit diam., 79 cent.

206 — Cartel Louis XV en bronze, décoré d'un singe et de rocailles; cadran signé : *J.-B. Baillon à Paris.*

207 — Paire de chenets Louis XV en bronze doré, en forme de vases, sur bases contournées, décor de rocailles et feuillages. Poinçons C couronné.

208 — Paire de bouts de table Louis XVI à deux lumières, en bronze doré, à décor de cannelures et têtes de béliers.

209 — Paire de candélabres à quatre lumières. en bronze patiné et doré, à figures de femmes debout, vêtues à l'antique, tenant des corbeilles de fleurs d'où naissent les branches de lumières; bases carrées, décorées de petits satyres et de frises à sujets de sacrifices de style antique. Époque Empire.

210 — Deux flambeaux en bronze, à décor de
fleurettes et rocailles. Style Louis XV.

211 — Deux plats variés en cuivre.

212 — Lanterne d'antichambre.

213 — Lanterne-veilleuse électrique en cuivre.

214 — Deux candélabres à quatre lumières, en
bronze, modèle à vase enguirlandé et branches contournées ; bases en marbre bleu-
turquin.

215 — Pendule en bronze, à mouvement porté
par un lion et surmonté d'un vase enguirlandé ; base en marbre bleu-turquin.

216 — Pendule sur socle-applique, en bois peint,
à fleurs sur fond vert; garnitures de bronzes
à rocailles ; cadran signé : *André à Long-
jumeau*. Époque Louis XV.

217 — Pendule en bois sculpté et peint, formée
d'une statuette d'Hercule portant le mouvement.

SIÈGES & MEUBLES

218 — Bureau à dos d'âne en bois de placage ;
encadrements, chutes et sabots en bronze.
Sur l'abattant, médaillon en porcelaine, à
sujets d'amours. Style Louis XV.

219 — Table-rognon à trois tiroirs, en marqueterie de bois de violette, à décor de fleurs et
de carrelages ; le dessus présente deux volets

masquant chacun un compartiment ; garnitures de bronzes dorés. Style Louis XV.

220 — CARTONNIER de forme contournée en bois de violette, à quadrillés ; garnitures de bronzes dorés, telles que chutes, bordures, bas-reliefs, statuette d'amour, sabots-griffes. La partie supérieure contient une pendule ; le bas ferme à deux portes. Style Louis XV.

221 — GRANDE TABLE-BUREAU oblongue à trois tiroirs, en bois de violette ; elle est garnie de chutes, d'encadrements, d'entrées de serrures et de sabots à motifs de rocailles en bronze. Style Louis XV.

222 — SECRÉTAIRE à abattant et portes en marqueterie de bois de couleurs, à fleurs : garnitures de bronzes à rocailles. Dessus de marbre brèche d'Alep. Style Louis XV.

223 — BIBLIOTHÈQUE à hauteur d'appui en marqueterie de bois de couleurs, à décor de fleurs ; garnitures de bronzes, telles que chutes à rocailles, cul-de-lampe, sabots, bordures ; elle ferme à deux portes vitrées. Style Louis XV.

224 — DEUX CHAISES Louis XV en bois sculpté à rocailles ; sièges et dossiers cannés.

225 — BAROMÈTRE ET THERMOMÈTRE dans des cadres Louis XV, en bois sculpté et doré, à rocailles et fleurs.

226 — PETITE TABLE à trois tiroirs, dont un formant bureau, en marqueterie de bois de couleurs à fleurs. Époque Louis XV.

227 — Table de nuit en bois de rose, fermant à deux portes et garnie de bronzes, tels que chutes, cul-de-lampe, sabots, bordures. Dessus de marbre. Époque Louis XV.

228 — Table de dame en bois de placage, à un tiroir et tablette formant bureau, dessus quadrillé ; autre tablette d'entrejambes ; chutes et sabots en bronze. Époque Louis XV.

229 — Commode à trois tiroirs, en bois de violette, poignées, entrées de serrures, chutes, sabots, en bronze à décor de rocailles. Signée : *L. Delaître*. Dessus de marbre de couleur. Époque Louis XV.

230 — Écran en bois sculpté et doré, à fleurs et rocailles ; feuille en tapisserie du temps de Louis XV, présentant l'Aurore avec fond de paysage et encadrement rouge à fleurs.

231 — Deux chaises en bois sculpté et doré, à dossier ovale, présentant un vase ; siège en tapisserie de Beauvais, offrant, sur fond blanc, des bouquets de fleurs au milieu de guirlandes de feuilles. Époque Louis XVI.

232 — Grand secrétaire à abattant, portes et trois tiroirs, en bois clair ; cannelures aux angles ; garnitures de bronzes ; dessus de marbre blanc. Époque Louis XVI.

233 — Console à un tiroir, en bois de placage, sur quatre pieds cannelés avec tablette d'entrejambes ; côtés cintrés ; garnitures de bronzes dorés composées de frises à cannelures et feuillages, draperies, galeries, etc. Dessus de marbre de couleur. Époque Louis XVI.

234 — MEUBLE DE SALON en bois doré, couvert en
tapisserie d'Aubusson du milieu du xviiᵉ
siècle, à sujets d'amours sur les sièges, de
personnages sur les dossiers, avec encadrements de guirlandes de fleurs et de feuilles
et bordures bleues. Il comprend un canapé
et six fauteuils.

235 — GRAND LIT D'APPARAT quadrangulaire, en
bois sculpté et doré, à côtés légèrement dépri-
més, quatre pieds et quatre colonnes enguirlandées, supportant des coupes : les panneaux
du pied du lit et du chevet sont ornés de
fleurs et de trophées d'armes ; le baldaquin
à dôme est soutenu par des tiges de fer
courbes qu'enveloppent les rideaux : il est
décoré d'une frise de feuillages et est couronné de quatre pots à feu. Les rideaux sont
en satin bleu broché à rosaces blanches et
sont garnis de passementerie. Italie, fin du
xviiiᵉ siècle.

Haut., 3 m. 75 ; long., 2 m. 05 ; larg., 1 m. 45.

236 — TABLE OBLONGUE à un tiroir, en acajou,
avec tablette d'entrejambes et deux boites
rectangulaires, pieds à feuillages et griffes :
miroir rond porté par deux sphinx, garnitures à palmettes en bronze, médaillons-
bustes en biscuit à fond bleu. Commencement du xixᵉ siècle.

237 — DEUX TABOURETS en bois sculpté et doré,
à coquilles et rocailles, couverts en ancienne
soie brochée à fleurs. — Vente d'Armaillé.

238 — TABOURET DE PIEDS en bois sculpté et doré,
à rocailles, couvert en ancienne soie rose
brochée à fleurs.

239 — PARAVENT en bois sculpté et doré, à trois
feuilles d'ancienne soie rose brochée à fleurs
et draperies.

240 — STALLE en bois sculpté, décorée de bordures de feuillages et de moulures. Fin du
XVIe siècle.

241 — ARMOIRE Louis XVI à hauteur d'appui, à
une porte, décor d'instruments de musique;
bois peint blanc.

242 — ARMOIRE normande en chêne sculpté, à
décor de feuillages, rosaces, corbeilles de
fruits, avec gland et pendentif entre les deux
portes.

243 — BUFFET à deux corps en chêne sculpté,
corps supérieur vitré, bas à portes pleines,
décor de rocailles, fleurs et vases. XVIIIe siècle.

244 — PARAVENT à trois feuilles en bois sculpté,
à motifs gothiques.

245 — HARMONIUM de *Debain*.

246 — CHAMBRE A COUCHER en bois d'olivier,
composée d'une chaise-longue recouverte
d'étoffe verte frappée, d'une petite table rec-
tangulaire, d'un fauteuil, d'un bureau, d'un
encrier, de deux chaises, d'un rocking-chair,
d'un lit, d'une bibliothèque tournante et
d'un petit coffre à bois.

247 — DIVAN recouvert d'étoffe verte frappée.

248 — POUF en broderie de soies de couleurs à
fleurs sur fond de satin jaune.

249 — Canapé en bois sculpté à coquille, siège et dossier cannés.

250 — Paravent en velours.

251 — Deux coussins en velours rouge.

252 — Deux petits supports-appliques en bois.

253 — Coffre couvert de velours.

254 — Chaise de style japonais.

ÉTOFFES, TAPISSERIES

255 — Partie de chasuble en velours rouge : croix en broderie d'argent doré et soies de couleurs, à dessin de personnages du xvie siècle.

256 — Deux panneaux en soie verte, bordés de galons métalliques et décorés chacun de deux carrés en broderie de soies et d'argent doré, ornés de médaillons contenant des bustes de saints personnages et entourés de grotesques.

257 — Petit tableau, broderie de soie et argent. portrait de femme : cadre en bois doré. xviie siècle.

258 — Tapisserie d'Aubusson du temps de Louis XV : l'Escarpolette : fond de verdure : bordures à baguettes enrubannées.

Haut.. 2 m. 25 ; larg.. 2 m. 65.

259 — Cantonnière en tapisserie du xviiie siècle :
amours, pendentifs de fruits et fleurs, trophées d'armes.

Haut., 3 m. 45 ; larg., 1 m. 60.

260 — Cantonnière en tapisserie du xviiie siècle :
oiseaux, fleurs et fruits sur fonds jaune et
marron.

Haut., 3 m. 50 ; larg., 1 m. 85.

261 — Fragment de tapisserie-verdure : au premier plan, à gauche, deux oiseaux ; au fond,
habitations. xviie siècle.

Haut. et larg., 1 m. 66.

262 — Bande en tapisserie à fleurs, oiseaux et
médaillons de fruits. xviie siècle.

Larg., 2 mètres.

263 — Tapisserie-verdure avec cerfs au premier
plan ; bordures marron à fleurs. Flandres,
xviiie siècle.

Haut., 2 m. 35 ; larg., 3 m. 65.